UNIVERSITÉ DE TOULOUSE

FACULTÉ DES SCIENCES

INSTITUT ÉLECTROTECHNIQUE

(FONDATION DE LA VILLE DE TOULOUSE)

ÉCOLE DE CHIMIE

SCEAU DE L'UNIVERSITÉ DE TOULOUSE (1303)

TOULOUSE

IMPRIMERIE ET LIBRAIRIE ÉDOUARD PRIVAT

Libraire de l'Université

14, RUE DES ARTS (SQUARE DU MUSÉE)

1908

INSTITUT ÉLECTROTECHNIQUE

ÉCOLE DE CHIMIE

UNIVERSITÉ DE TOULOUSE

FACULTÉ DES SCIENCES

INSTITUT ÉLECTROTECHNIQUE

(FONDATION DE LA VILLE DE TOULOUSE)

ÉCOLE DE CHIMIE

SCEAU DE L'UNIVERSITÉ DE TOULOUSE (1303)

TOULOUSE

IMPRIMERIE ET LIBRAIRIE EDOUARD PRIVAT

Libraire de l'Université.

14, RUE DES ARTS (SQUARE DU MUSÉE)

1908

INSTITUT ÉLECTROTECHNIQUE

L'Université et la Ville de Toulouse ont fondé un Institut électrotechnique destiné à l'instruction des personnes désireuses d'étudier les applications de l'électricité et à la préparation :

1° Du brevet de conducteur électricien, créé par décision ministérielle du 15 juin 1908;

2° Du diplôme d'ingénieur électricien, créé par décision ministérielle du 21 janvier 1908;

3° Du doctorat d'université.

BREVET DE CONDUCTEUR ÉLECTRICIEN

Durée des études : deux années.

Enseignement : deux heures de cours par semaine pendant toute l'année; travaux pratiques, travaux d'atelier, excursions.

PROGRAMME DE L'ENSEIGNEMENT

ET DES TRAVAUX PRATIQUES.

Première année A.

I. Lois fondamentales de l'électricité et leur démonstration expérimentale en utilisant, autant que possible, des appareils, dispositifs industriels ou des machines.

II. Générateurs à courant continu : piles, dynamos.

III. Récepteurs à courant continu : récepteurs chimiques, accumulateurs.

IV. Récepteurs thermiques : lampes à incandescence et à arc, étude électrique et photométrique.

V. Récepteurs mécaniques : moteurs à courant continu.

VI. Distribution de l'énergie, appareils de mesure, canalisations, types divers d'installations à courant continu.

VII. Compteurs à courant continu.

Deuxième année B.

I. Revision de l'année A.

II. Généralités sur les courants alternatifs mono et polyphasés, self induction et capacité.

III. Générateurs à courants alternatifs.

IV. Récepteurs thermiques : lampes diverses à courants alternatifs.

V. Récepteurs mécaniques, moteurs à courants mono et polyphasés, synchrones et asynchrones.

VI. Transformateurs divers.

VII. Installations diverses à courants alternatifs. Lignes.

VIII. Compteurs.

IX. Applications diverses : télégraphie et téléphonie.

X. Electrochimie et électrométallurgie.

NOTA. — Indépendamment des travaux pratiques sur les matières ci-dessus indiquées, des travaux d'atelier auront lieu pendant l'année A et B :

Épissures de fils.

Poses de câbles.

Construction d'appareils : rhéostats, commutateurs et bobinages divers.

Installation de tableaux de distribution, etc.

En outre, les dessins industriels des appareils et machines employés seront faits par les élèves et corrigés par les professeurs.

EXAMEN

DU BREVET DE CONDUCTEUR ÉLECTRICIEN.

Cet examen comprendra :

1° Un croquis coté à main levée : durée deux heures;

2° Un avant-projet simple : durée deux heures;

3° Un travail pratique : durée trois heures;

4° Des interrogations orales. Le jury, nommé par le doyen, est composé de trois membres de la Faculté des sciences, auxquels pourront être ajoutés des ingénieurs de l'État ou d'autres spécialistes.

ARRÊTÉ

DU MINISTRE DE L'INSTRUCTION PUBLIQUE ET DES BEAUX-ARTS.

ARTICLE PREMIER. — Est approuvée la délibération du Conseil de l'Université de Toulouse, fixant ainsi qu'il suit les droits à percevoir pour études et examens en vue du brevet de conducteur électricien de cette Université, savoir :

2 Droits annuels d'immatriculation à 20 fr., soit...   40f »

2 Droits annuels de bibliothèque à 10 fr., soit...   20 »

4 Droits de travaux pratiques, savoir :

    1re année : 2 à 10 fr., soit... ...   20f » } 40 »

    2e année : 2 à 10 fr., soit... ...   20 » \

1 Examen. . . . .   gratuit

ART. 2. — Le présent arrêté aura son effet à dater du 1er novembre 1908.

DIPLÔME D'INGÉNIEUR ÉLECTRICIEN

Par arrêté ministériel du 21 janvier 1908, a été autorisée l'institution d'un diplôme d'ingénieur électricien de l'Université de Toulouse.

Aucun titre, aucun grade ne sont requis pour être admis à suivre l'enseignement en vue de ce diplôme.

Durée des études : trois années.

Pendant les deux premières années, les élèves suivent les cours, conférences et travaux pratiques d'électricité industrielle de la Faculté, les cours de mathématiques préparatoires aux sciences industrielles, mécanique rationnelle et appliquée, physique générale et appliquée, chimie générale et appliquée; *ils exécutent chaque jour à l'Institut électrotechnique des exercices de montages, des mesures, des travaux d'atelier, des dessins, des calculs.*

Un jour par semaine est consacré aux visites d'usines; pendant les grandes vacances, ils font un stage de deux mois dans une usine de la région.

La troisième année est consacrée à l'exécution des projets. En outre, les élèves terminent les visites des usines de Toulouse et des Pyrénées. Ils font des stages dans les usines de la région. Ils revoient les travaux pratiques les plus délicats des deux premières années.

EXAMEN

POUR LE DIPLÔME D'INGÉNIEUR ÉLECTRICIEN.

Un seul examen aura lieu à la fin de la troisième année.

Il comprendra :

1° Un avant-projet électrotechnique : durée huit heures;

2° Une épreuve pratique : durée quatre heures. Cette épreuve sera un essai industriel, précédé dans certains cas de mesures;

3° Une épreuve orale sur l'électricité et la mécanique appliquée;

4° La présentation d'un appareil entièrement construit par le candidat ou la soutenance d'un travail original sur une question d'électrotechnique.

Le jury sera constitué dans les mêmes conditions que le premier.

Salle de machines, côté des génératrices.

Les aspirants devront se faire immatriculer au secrétariat de la Faculté au commencement de l'année scolaire et produire, avec leur acte de naissance (sur timbre et légalisé), une note indiquant leurs études antérieures.

TARIFS DES DROITS.

Pour chaque année d'études, les candidats au diplôme d'ingénieur électricien acquitteront :

Un droit annuel d'immatriculation de,....	20 fr.
Un droit annuel de bibliothèque de......	10 —
Quatre droits trimestriels (novembre, janvier, mars, mai) de laboratoire, à 75 fr. l'un.......................................	300 —
Le droit d'examen est de...............	50 —

LOCAUX.

L'Institut électrotechnique comprend une salle de machines (9^m50 × 27^m80); une bibliothèque (3^m15 × 6^m45); un atelier du bois (4^m40 × 6^m35); un atelier du fer (4^m35 × 6^m65); une salle de photométrie (5^m20 × 4^m35, hauteur 5^m20); un laboratoire de photographie (4^m35 × 2^m45); une salle de mesures électriques et magnétiques (7^m50 × 9^m80); une salle d'étalonnage (9^m × 2^m75); un laboratoire de recherches (6^m50 × 9^m65); une salle de dessin (4^m80 × 3^m55), une salle de collections (6^m65 × 4^m35); une galerie de haute tension (9^m65 × 1^m50).

L'Institut électrotechnique emprunte son énergie au secteur de la Société toulousaine d'électricité. Une première canalisation à trois fils (75 ampères, sous 150 volts) est destinée à l'éclairage; une deuxième (100 ampères, sous 250 volts) dessert les moteurs à courant continu qui sont au nombre de deux et qui actionnent la transmission. La transmission a 12 mètres de long et tourne à 300 tours. Un troisième mo-

INSTITUT ÉLECTROTECHNIQUE DE L'UNIVERSITÉ DE TOULOUSE.

Salle des machines, côté des réceptrices.

teur, synchrone triphasé de 20 chevaux, sera accroché sur la ligne triphasée à 216 volts composés, dès que cette ligne, actuellement en construction, sera terminée.

A 6 mètres de la transmission se trouve un massif de béton de 14 mètres de longueur, dans lequel est scellé le banc d'essai des dynamos.

Un transbordeur, muni d'un palan capable de soulever 2 tonnes, permet de prendre les machines à la porte d'entrée et de les faire passer au-dessus de celles qui sont déjà en place sur le banc d'essai. Les manœuvres sont ainsi facilitées. D'ailleurs, au-dessus de la porte d'entrée, dans la rue Caraman, se trouve un crochet de 3 tonnes, qui permet de soulever les dynamos à leur arrivée, de les prendre sur un camion et de les faire glisser, avec le minimum de danger, dans la salle des machines. On peut ainsi, indépendamment des nombreux types que possède l'Institut, étudier d'autres machines que les industriels prêtent pour une durée limitée. Cela augmente beaucoup le champ d'expériences.

Les tableaux de distribution, en chêne, ont toutes leurs connexions visibles et sont fixés à 0m60 du mur, afin de permettre de suivre les diverses ramifications des fils et de faire, au besoin, les modifications désirables.

Plusieurs nappes de fils desservent ces tableaux et aboutissent aux machines par un caniveau en ciment, recouvert d'un plancher amovible. Des boîtes de jonction, recouvertes de glaces de verre, permettent de mettre les machines en communication avec les fils du caniveau et ceux-ci en communication avec les bornes des tableaux de distribution.

Au-dessus des tableaux de distribution qui sont actuellement au nombre de douze, se trouvent des planchers munis de garde-fous. Sur ces planchers et contre les murs, des tringles de fer permettent de fixer les rhéostats, tableaux de lampes et, en général, les divers appareils nécessaires pour les mesures.

Sur le banc d'essai sont fixées les dynamos suivantes :

Dynamo à courant continu, série, 120 volts :

Plan du Rez-de-Chaussée

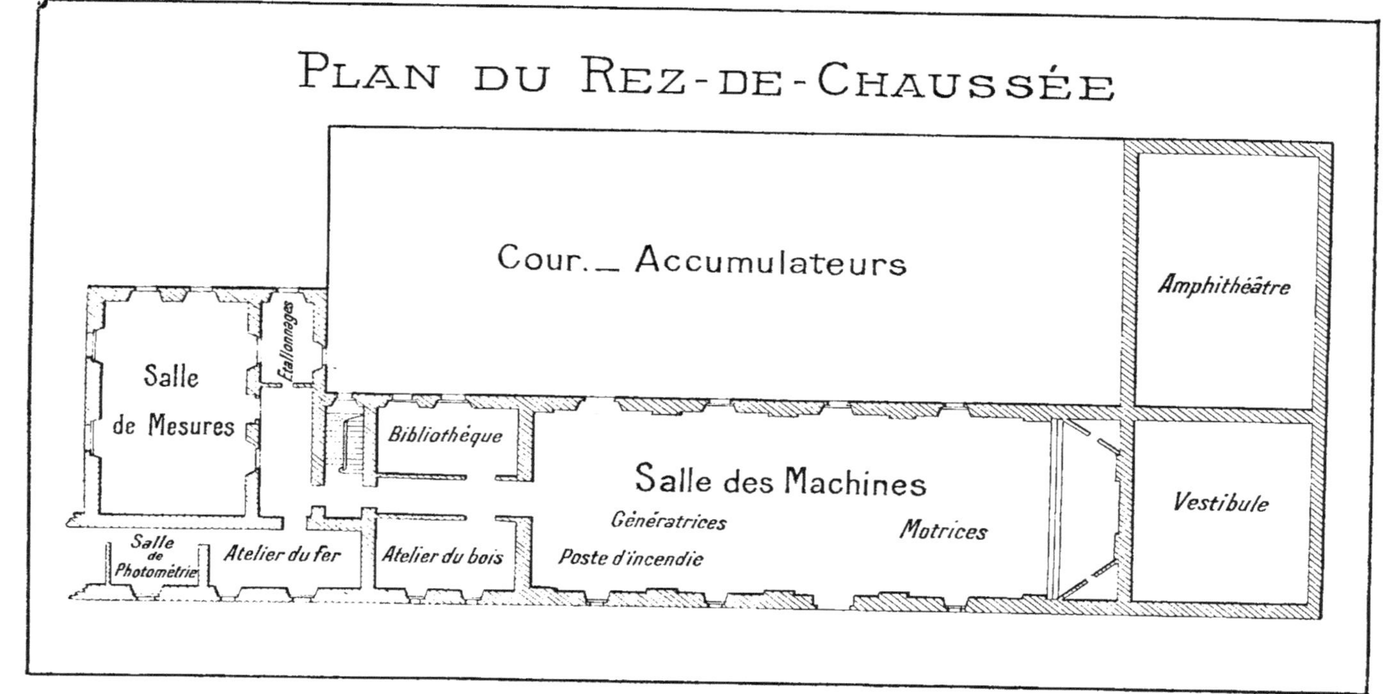

Deux dynamos dérivation, 120 volts et 250 volts;

Une dynamo à excitation indépendante de 400 volts;

Un alternateur Siemens à courant sinussoïdal de 15 chevaux à voltage variable entre 30 et 500 volts; un petit alternateur tétrapolaire; un alternateur triphasé de 20 chevaux, avec excitatrice à bout d'arbre: voltage composé, 216 volts.

Les freins d'absorption sont constitués par les dynamos à 120 volts; un dynamomètre de transmission, à lecture directe, peut être installé sur le banc d'essai pour les mesures de rendement.

Une portion de la salle des machines est consacrée aux essais des moteurs à courants continus et alternatifs. L'Institut possède des moteurs synchrones monophasés et triphasés, asynchrones monophasés et triphasés.

Une large galerie de 1ᵐ20 sur 10 mètres est destinée aux essais de haute tension. Pour éviter tout accident, la porte de cette galerie est constamment fermée à clef. L'Institut possède une collection de transformateurs et d'appareils de haute tension.

L'Institut possède de petites batteries volantes d'accumulateurs. Très prochainement, une batterie d'accumulateurs de 70 éléments, dont le tableau de charge est déjà monté, sera installée. Cette batterie permettra de procéder aux mesures délicates avec un courant plus constant que celui du secteur.

Les élèves ont à leur disposition un grand nombre de modèles, pièces détachées de machines, schémas de montages, bobinages et enroulements : un véritable musée pour l'enseignement.

En outre, le bureau de contrôle et d'essais électrotechniques annexé à l'Institut est précieux pour les élèves qui assistent aux recherches et aux déterminations les plus variées, soit à l'Institut, soit au dehors dans les usines.

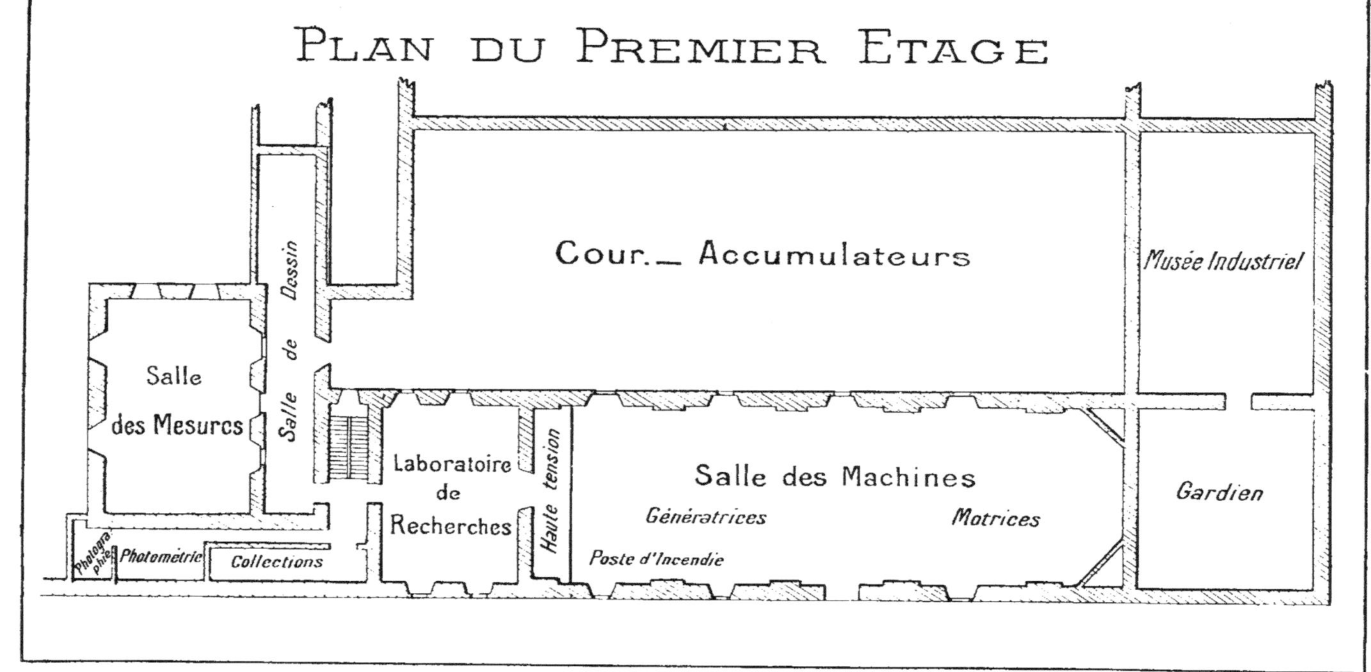
PLAN DU PREMIER ETAGE
Cour._ Accumulateurs
Musée Industriel
Gardien
Salle de Dessin
Salle des Mesures
Laboratoire de Recherches
Haute tension
Salle des Machines
Génératrices
Motrices
Poste d'Incendie
Photographie
Photométrie
Collections

BUREAU DE CONTROLE ET D'ESSAIS ÉLECTROTECHNIQUES DE L'UNIVERSITÉ DE TOULOUSE

Fondé par décret ministériel du 20 novembre 1907.

1° Essais et étalonnements.

APPAREILS INDUSTRIELS DE MESURE.

A) Courants continus :

Ampèremètres de	0 à 100 ampères	5 fr.
—	de 100 à 500 —	10 »
—	de 500 à 1000 —	20 »
Voltmètres	de 0 à 150 volts	5 »
—	de 150 à 500	10 »
—	de 500 à 1000	20 »

B) Courants alternatifs :

Ampèremètres de	0 à 100 ampères	10 »
—	de 100 à 500 —	15 »
—	de 500 à 1000 —	25 »
Voltmètres {	de 0 à 150 volts	10 »
{	de 150 à 500	15 »
ou {	de 500 à 1000 —	25 »
Électromètres (	au-dessus de 5000 volts	50 »

C) Wattmètres :

De 0 à 5000 watts	15 »
De 5000 à 10000 —	25 »
Au-dessus de 10000	50 »

D) Compteurs :

De 0 à 100 ampères et de 0 à 250 volts	20 »
De 100 à 1000 — et de 250 à 1000 —	40 »
Étude de la marche d'un compteur pendant une heure	40 »

2° Essais d'appareils industriels.

A) Lampes à incandescence :

Dépense de puissance et intensité lumineuse dans une direction donnée	5 »

3° Essais de matériaux.

A. *Conducteurs :*

Résistance d'un conducteur de plus de $\frac{1}{1000}$ d'ohm à la température ordinaire... 10 »

Résistance d'un conducteur de moins de $\frac{1}{1000}$ d'ohm à la température ordinaire... 25 »

B. *Isolants :*

Résistance d'isolement d'un diélectrique en plaques........ 20 »

Essai d'un isolateur.............................. 15 »

C. *Câbles :*

Essai d'un câble à la température ordinaire.............. 20 »

Essai d'un câble maintenu pendant 24 heures dans de l'eau à 24°.. 50 »

D. *Charbons :*

Conductibilité d'un crayon de charbon pour arc à la température ordinaire.............................. 5 »

Essai d'un crayon pour arc.......................... 30 »

4° Essais faits en dehors du laboratoire.

Les prix du tarif ci-dessus s'appliquent également aux essais effectués en dehors du laboratoire; ils seront toutefois majorés de :

1° Le montant des dépenses avancées par le bureau pour le transport du personnel et du matériel;

2° Une indemnité de déplacement pour chaque opérateur, calculée à raison de :

25 francs par jour et par opérateur.

15 francs pour une demi-journée et par opérateur.

ÉCOLE DE CHIMIE

Une École de chimie a été fondée à la Faculté des sciences de Toulouse en vue de la préparation au *diplôme d'ingénieur chimiste de l'Université*, créé par décision ministérielle du 18 juillet 1906, et au *doctorat de l'Université*.

PERSONNEL.

PROFESSEURS....	MM. Sabatier, doyen, correspondant de l'Institut, prof. de chimie.
	Fabre, professeur de chimie agricole et industrielle.
	Mailhe, chargé d'un cours complémentaire de chimie.
	Lala, chargé de l'enseignement de la physique.
Chef de travaux.	M. Couzi.
Préparateurs ..	MM. Fouques, Clarens.

LOCAUX.

L'enseignement pratique est donné dans deux grands laboratoires : l'un destiné à recevoir les élèves de 1re année, l'autre les élèves de 2e et de 3e année; en outre, des laboratoires de recherches pourront être mis à la disposition des étudiants de 4ᵉ année qui poursuivront leurs études en vue du doctorat de l'Université.

Tous ces laboratoires, bien éclairés et bien aérés, ont reçu un outillage perfectionné et sont abondamment pourvus de canalisations d'eau et de gaz. Ils possèdent de nombreux appareils de précision, ainsi que d'importantes collections de produits chimiques.

Deux marquises en fer et en verre, construites dans les cours du service de chimie, permettent d'effectuer, à l'abri de la pluie et du soleil, les travaux en plein air.

I. — DIPLÔME D'INGÉNIEUR CHIMISTE.

Le diplôme d'ingénieur chimiste, analogue à ceux qui sont déjà délivrés par les grandes Universités françaises, est appelé à rendre les plus grands services à l'industrie et à l'agriculture de la région méridionale.

La durée des études pour l'obtention de ce diplôme est de trois années.

CONDITIONS D'ADMISSION.

Peuvent être admis à suivre les cours préparatoires au diplôme d'Ingénieur chimiste, les jeunes gens français ou étrangers, âgés de dix-sept ans au moins et ayant subi, dans la seconde quinzaine de juillet ou dans la première semaine de novembre, un examen d'entrée portant sur les éléments de la chimie, de la physique et des mathématiques (arithmétique, algèbre, géométrie).

Sont dispensés de l'examen d'entrée, les jeunes gens qui possèdent l'un des diplômes suivants :

Baccalauréat lettres-mathématiques, classique ou moderne (ancien régime).

Baccalauréat lettres-sciences, moderne (ancien régime).

Baccalauréat des séries latin-sciences et sciences-langues vivantes avec la seconde partie mathématiques.

Brevet supérieur.

Diplôme des écoles d'arts et métiers.

Diplômes français ou étrangers jugés suffisants par la commission d'examen.

Les candidats doivent produire en s'inscrivant au secrétariat de la Faculté des sciences :

1° Une demande sur papier libre et, s'ils sont mineurs, une déclaration légalisée des parents ou tuteurs les autorisant à suivre l'enseignement de l'École de chimie ;

2° Un extrait de naissance sur papier timbré et légalisé ;

3° Les diplômes ou brevets, s'il y a lieu.

EXAMEN D'ENTRÉE

L'examen d'entrée comprend des épreuves écrites et des épreuves orales :

Épreuves écrites.

1° Une composition de chimie.

2° Une composition de mathématiques (questions très élémentaires).

Épreuves orales.

Interrogations sur la chimie, la physique, les mathématiques.

PROGRAMME DE L'EXAMEN D'ENTRÉE

ARITHMÉTIQUE

Opérations sur les nombres entiers et les fractions. Proportions, règle de trois.

Problèmes sur les mélanges. — Système métrique.

ALGÈBRE

Équations du premier degré à une ou à plusieurs inconnues.

Problèmes du premier degré.

Equation du second degré à une inconnue.

Progressions arithmétiques et géométriques.

Logarithmes : usage pratique.

GÉOMÉTRIE

Parallèles. — Perpendiculaires. — Propriétés des triangles.

Circonférence. — Angles.

Similitude des triangles.

Notions sur les surfaces et sur les volumes.

PHYSIQUE.

Force, masse, accélération. Notions élémentaires sur le travail, la force vive et l'énergie.

Pesanteur. — Balance.

Hydrostatique. — Vases communicants. — Presse hydraulique. — Principe d'Archimède.

Densité. — Aréomètres.

Pression atmosphérique. — Baromètre.

Loi de Mariotte. — Manomètre. — Mélange des gaz. — Siphon. — Machine pneumatique.

Chaleur. — Dilatation. — Thermomètre. — Densité des gaz. — Chaleur spécifique.

Fusion. — Vaporisation. — Tension maximum. — Densité des vapeurs.

Notions élémentaires sur la conductibilité et sur la chaleur rayonnante.

Acoustique. — Vitesse du son.

Optique. — Lumière, réflexion, miroirs plans et courbes. — Réfraction. — Lentilles. — Loupe. — Microscope.

Dispersion. — Différents spectres. — Actions chimiques de la lumière.

Électricité. — Notions élémentaires sur le potentiel et la capacité. — Influence. — Condensateurs.

Piles. — Effets des courants.

1er Laboratoire d'enseignement.

Unités d'intensité, de résistance et de force électromotrice. Aimantation. — Thermoélectricité. — Induction.

CHIMIE.

Notions générales sur la combinaison chimique. — Atomes. — Molécules.

Acides. — Bases. — Sels.

Hydrogène. — Oxygène. — Eau.

Chlore. — Acide chlorhydrique.

Soufre. — Acides sulfureux, sulfurique et sulfhydrique.

Azote. — Air. — Ammoniaque. — Oxydes de l'azote.

Phosphore.

Carbone et hydrocarbures. — Oxydes du carbone.

Généralités sur les métaux. — Alliages, oxydes. — Généralités sur les sels.

Lois de Berthollet.

ENSEIGNEMENT.

La durée normale des études pour l'obtention du diplôme d'Ingénieur chimiste est de trois années; l'année scolaire commençant le 3 novembre et se terminant fin juillet.

En 1re année, les élèves suivent une partie des cours de chimie préparatoire aux certificats de chimie générale et de chimie appliquée, ainsi que certaines conférences spéciales de physique; ils exécutent chaque jour, au laboratoire, des travaux pratiques consistant en préparations et analyses qualitatives, ainsi que des manipulations de physique.

A la fin de cette première année, en juillet, les élèves subissent un examen de passage écrit, oral et pratique portant sur les matières des cours et manipulations de chimie et de physique. Ils ne seront admis en 2e année que s'ils ont obtenu à cet examen de passage une note au moins égale à 10 (sur un maximum de 20 points).

En 2e année, les étudiants continuent à suivre les cours et conférences de chimie générale et appliquée. Ils exécutent chaque jour, au laboratoire, des travaux pratiques consistant en préparations et analyses quantitatives, et travaux de physique appliquée à la chimie.

L'examen qui termine la 2ᵉ année se compose d'épreuves écrites, orales et pratiques, analogues à celles des deux certificats de chimie générale et de chimie appliquée, et d'une épreuve pratique de physique.

Pour être admis en 3ᵉ année, les élèves doivent obtenir une moyenne au moins égale à 10. Les étudiants pourvus des certificats de chimie générale et de chimie appliquée ont seulement à subir l'épreuve de physique; les étudiants pourvus du certificat de physique générale sont dispensés de cette dernière épreuve.

En 3e année, les élèves complètent leur instruction en suivant certains cours spéciaux de chimie pure et appliquée et surtout exécutent quotidiennement au laboratoire des travaux pratiques consistant dans la préparation complète de produits purs; ils font en outre des dosages industriels et agricoles, et, si leur éducation chimique est suffisante, ils se livrent à des travaux originaux sur des sujets élémentaires.

Un examen écrit, oral et pratique a lieu à la fin de la 3ᵉ année. Les élèves ayant satisfait à cet examen et ayant obtenu une note moyenne supérieure à 12 reçoivent le diplôme d'Ingénieur chimiste de l'Université de Toulouse. Ceux ayant obtenu une note comprise entre 10 et 12 reçoivent seulement un certificat d'études. Les élèves n'ayant pas obtenu le diplôme après l'examen, ou n'ayant pas pu prendre part à l'examen, peuvent être autorisés à faire une 4ᵉ année d'études, à la suite de laquelle ils peuvent subir l'examen.

ENSEIGNEMENT ET TRAVAUX PRATIQUES DE CHIMIE.

Le programme de l'enseignement et des travaux pratiques des deux premières années comprend toutes les matières con-

tenues dans les programmes des certificats de chimie générale
et de chimie appliquée.

PROGRAMME DES MANIPULATIONS DE PHYSIQUE DES 1re ET 2e ANNÉES
EN VUE DE L'OBTENTION DU DIPLÔME D'INGÉNIEUR CHIMISTE.

Balance. — Pesées.

Alcoomètre. — Aréomètres. — Densités.

Densités des solides (flacon).

Densités des liquides (flacon).

Baromètre. — Lecture.

Densités des gaz.

Densités des vapeurs : méthode de Dumas, — méthode de
Meyer.

Température de fusion. Température d'ébullition (correction).

Pyrométrie thermométrique et optique.

Cryoscopie.

Ebullioscopie.

Chaleur spécifique des solides.

Mesures termochimiques.

Électrolyse.

Microscope.

Spectroscope.

Microscope polarisant.

Polarimétrie.

Réfractomètre.

Nota. — Les élèves de l'École de chimie peuvent suivre les cours
de l'Institut électrotechnique.

RÉTRIBUTION

Les élèves inscrits en vue du diplôme d'ingénieur chimiste
de l'Université de Toulouse, étant considérés comme étudiants
à la Faculté des Sciences, doivent se faire immatriculer et payer
chaque année :

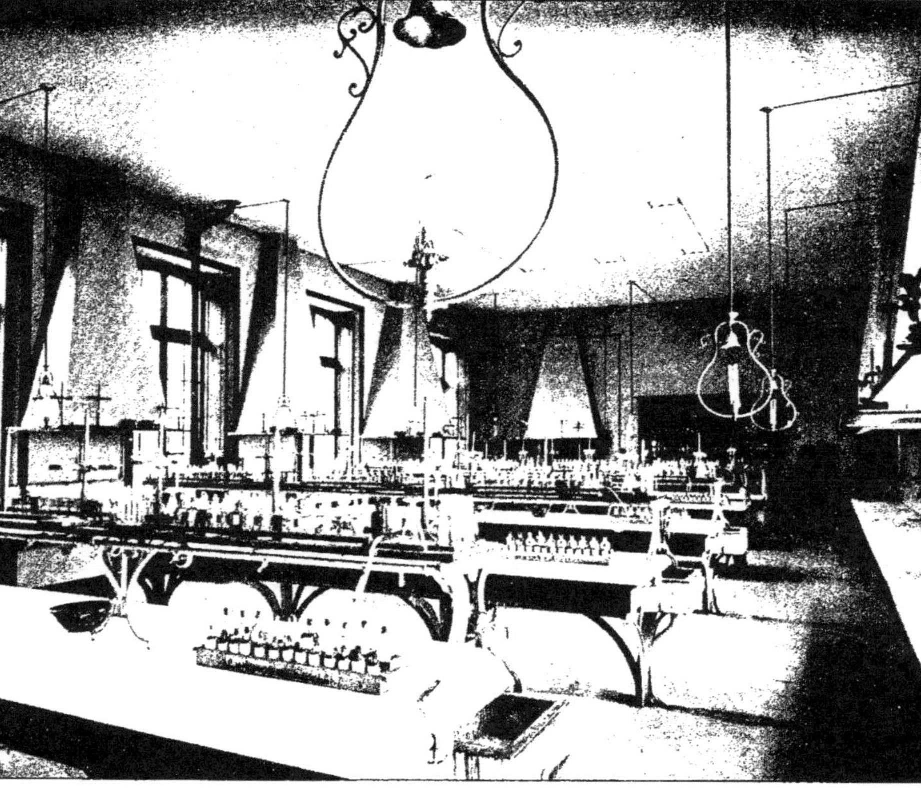

Laboratoire d'enseignement.

Un droit d'immatriculation de...... 20 francs.

Un droit de bibliothèque de........ 10 —

Aucune inscription ne sera reçue après le 20 novembre.

Ils payent, en outre, chaque trimestre, des droits de laboratoire qui s'élèvent à :

En 1re année, à 100 francs, soit par an..... 410 francs.

En 2e — à 125 — — ..... 500 —

En 3e — à 150 — — ..... 600 —

Les droits d'examens sont les suivants :

Fin de 1re année........... 40 francs.

— 2e — .... 40 —

— 3e — .... 50 —

Ces droits sont exigibles à partir du 1er novembre 1908.

Les élèves pourvus du certificat de chimie générale et de chimie appliquée sont admis à subir l'examen de passage en 3e année, portant seulement sur l'épreuve pratique de physique, moyennant un droit d'examen de 40 francs.

Des dispenses des frais de laboratoire peuvent être accordées par décision de la Faculté dans la limite du quart à des jeunes gens méritants dont les ressources sont insuffisantes pour assurer les frais de leurs études. — Ces dispenses ne seront d'ailleurs maintenues qu'autant que les bénéficiaires continueront à s'en rendre dignes par leur travail.

Nota. — Les élèves de l'École de chimie qui suivent les cours et travaux pratiques des certificats de chimie générale et de chimie appliquée, sont dispensés des droits de travaux pratiques afférents à ces deux certificats.

II. — DOCTORAT DE L'UNIVERSITÉ

La Faculté des sciences délivre un diplôme de *Docteur de l'Université de Toulouse* (chimie). Ce diplôme est très recherché par les industriels de l'étranger; il est le complément utile du diplôme d'ingénieur chimiste.

Les candidats doivent produire, en vue de leur *inscription* :

Soit le diplôme d'ingénieur chimiste ;

Soit deux certificats d'études supérieures obtenus devant une Faculté des sciences ;

Soit des diplômes obtenus à l'étranger et acceptés par la Faculté comme équivalent à deux certificats ;

Soit enfin des travaux publiés antérieurement et jugés suffisants par la Faculté.

La durée de la scolarité est d'un an ; les candidats prendront quatre inscriptions trimestrielles.

La Faculté pourra dispenser de la scolarité.

Les épreuves comprennent :

1º La soutenance d'une thèse contenant des recherches personnelles ;

2º Des interrogations sur des questions de chimie et proposées à l'avance par la Faculté.

RÉTRIBUTION.

4 Droits trimestriels d'inscription à 30 fr., soit.   120 fr.

4 Droits trimestriels de bibliothèque à 2 fr. 50.   10 fr.

4 Droits trimestriels de laboratoire de recherches à 200 fr............................   800 fr.

1 Droit d'examen à.............................   80 fr.

La dispense des droits de scolarité ne peut avoir lieu que d'une manière exceptionnelle.

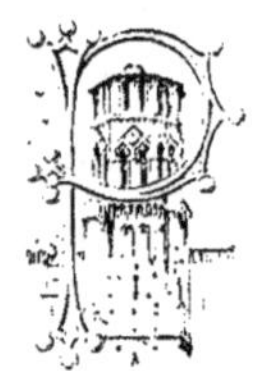

www.ingramcontent.com/pod-product-compliance
Lightning Source LLC
LaVergne TN
LVHW021658170726
843501LV00007B/2635